ACANTE
ET
CEPHISE,
OU LA SYMPATIE,
PASTORALE HÉROÏQUE,

A L'OCCASION DE LA NAISSANCE
DE MONSEIGNEUR LE DUC
DE BOURGOGNE,
REPRÉSENTÉE
POUR LA PREMIERE FOIS
PAR L'ACADEMIE ROYALE
DE MUSIQUE,
Le Jeudy 18 Novembre 1751.

PRIX XII. SOLS.

AUX DÉPENS DE L'ACADÉMIE.

A PARIS, Chez la V. DELORMEL & FILS, Imprimeur de ladite Académie, rue du Foin, à l'Image Ste. Geneviéve.

On trouvera des Livres de Paroles à la Salle de l'Opéra.

M. DCC. LI.

AVEC APPROBATION ET PRIVILEGE DU ROY.

Les Paroles de M. MARMONTEL.

La Musique de M. RAMEAU.

ACTEURS CHANTANS.

Dans les Chœurs.

CÔTE' DU ROI.		CÔTE' DE LA REINE.	
Mesdemoiselles.	*Messieurs.*	*Mesdemoiselles.*	*Messieurs.*
Dun.	Lefebvre.	Rollet.	Gratin.
Tulou.	Le Page, C.	Daliere.	Le Mesle.
Delorge.	S. Martin.	Masson.	Bertrand.
Larcher.	Dun, fils.	Chefdevile.	Chaboud.
Cazeau.	Gélin.	Gondré.	Levasseur.
LeTourneur.	Fel.	Hery.	Chapotin.
La Croix.	Rochette.	Duval. 1re.	Favier.
Sallaville.	Le Roy.	Adelaïde.	Feret.
Duval. 2e.	Selle.		Du Perrier.
	Roze.		Lombard.
	Robin.		

A ij

ACTEURS CHANTANS.

ACANTE, *Amant de Céphise.*	Mr. Jeliote.
CÉPHISE, *Amante d'Acante.*	Mlle. Fel.
OROES, *souverain Génie des airs, amoureux de* CEPHISE.	Mr. De Chassé.
ZIRPHILE, *principale Fée, protectrice de* CEPHISE *&* d'ACANTE.	Mlle. Chevalier.
UNE FÉE.	Mlle. Coupée.
CHŒUR *& troupes de Fées, suivantes de Zirphile.*	
CHŒUR *& troupe de Génies & des Fées suivans d'Oroes.*	
DEUX CORIPHÉES *de ses* SUIVANS.	Mr. Poirier. / Mr. Le Page.
LA GRANDE PRÊTRESSE *de l'Amour.*	Mlle. Romainville.
DEUX AUTRES PRÊTRESSES.	Mlle. Coupée. / Mlle. Gondré.
PRÊTRESSES de L'AMOUR.	
CHŒURS *& troupes d'Amans heureux & malheureux.*	
DELIE, *jeune Bergere Chantante & Dansante.*	Mlle. Puvigné.
UNE AUTRE BERGERE.	Mlle. Lemiere.
BERGERS & BERGERES.	
SUIVANTS D'OROES, *sous la forme de Chasseurs & de Pâtres.*	
UN DE CES SUIVANS.	Mr. Cuvillier.
TROUPES D'AQUILONS.	
CHŒURS *& troupes d'Esprits cruels & de Génies malfaisants.*	
UN BERGER.	Mr. De la Tour.
UNE BERGERE.	Mlle. Coupée.

CHŒURS *& troupes de Génies, de Fées, d'Esprits Aëriens, Silphes & Silphides, & de Peuples de differens caractères.*

PERSONNAGES DANSANS.

ACTE PREMIER.

PREMIER DIVERTISSEMENT.

FÉES SUIVANTES DE ZIRPHILE.

Mlle. CARVILLE.

Mlles. Bellenot, Beaufort, Puvignée, m. Desirée, Parquet, Ponchon, Deschamps, Coura.

SECOND DIVERTISSEMENT.

GÉNIES ET FÉES, SUIVANS D'OROES.

Mr DUPRE'.

Mr. LAVAL.

Mrs. LYONNOIS, VESTRIS. Mlles. LABATTE, VESTRIS.

Mlle. REIX.

Mrs. Dupré, Feuillade, Caiez, Bourgeois, Gobert, Hyacinte.

Mlles. Sauvage, Briseval, Couppé, Ponchon.

ACTE SECOND.

PREMIER DIVERTISSEMENT.

BERGERS ET BERGERES.

Mr. BEAT.

Mlle. PUVIGNÉ.

Mrs. Hamoche, Feuillade, Caiez, Le Lievre, Bourgeois.

Mlles. Courcelles, Beaufort, Thierry, Puvigné, m. Gaulthier.

SECOND DIVERTISSEMENT.

Suivans d'OROES sous la forme de CHASSEURS ET DE PASTRES.

CHASSEURS & CHASSERESES.

Mlle. VESTRIS.

Mrs. Desplaces l. ; Desplaces c.

Mlle. Desirée, Bellenot.

PASTRES & PASTOURELLES.

Mr. LANY. Mlle. LYONNOIS.

Mrs. Laurent, Hyacinthe, Gobert.

Mlles. Dazenoncourt, Victoire, Couppé.

ACTE TROISIEME

PREMIER DIVERTISSEMENT.

ESPRITS CRUELS.

Mr. LYONNOIS. Mr. VESTRIS.

Mrs. Dupré, Le Lievre, Saunier, Gobert, Desplaces 1e. Desplaces c.

SECOND DIVERTISSEMENT.

GÉNIES & FÉES.

Mlle. DAZENONCOURT.

Mrs. Caiez, Feuillade, Hyacinthe.

Mlles. Sauvage, Briseval, Couppé.

SYLPHES & SYLPHIDES.

Mr LANY. Mlle. PUVIGNE'.

Mrs. Hamoche, Laurent, Beat.

Mlles. Thierry, Victoire, Gaulthier.

BERGERS & BERGERES.

Mlle. VESTRIS.

Mrs. Bourgeois, Gobert, Desplaces c.

Mlles. Courcelles, S. Germain, Ponchon.

PEUPLES DE DIFFERENTS CARACTERES.

Mr. TESSIER.

Mlle. REIX.

Mr. LANY, Mlle. LYONNOIS.

Mr. Desplaces 1e. Saunier.

Mlles. Desiré, Bellenot.

AVERTISSEMENT

Dans les Poëmes Liriques, destinés comme celui-ci a célébrer de grands évenemens ; il est d'usage de consacrer le Prologue à l'objet de la Fête, & d'en détacher l'action du Poëme. Par-là on détourne l'intérêt & l'attention de ce qui devroit les fixer pendant tout le cours du Spectacle.

L'Auteur a crû plus convenable de faire dépendre l'action de ce Poëme de la naissance du PRINCE *qui en est l'objet, & d'en tirer le dénouement, au lieu d'en faire l'avant Scéne. Cet enchaînement de deux actions étrangeres l'une à l'autre ne pouvoit s'opperer que par le merveilleux, mais on ne sauroit trop l'emploier sur le Théâtre de l'illusion. Au reste, il a falu sacrifier la scéne au spectacle, & ses nuances à la rapidité. Contrainte malheureuse & désormais inévitable*

Quelques personnes seront surprises qu'on ait reuni la Mitologie & la Féerie dans un même sujet : mais qu'on fasse attention que ces deux sistêmes ont été réellement unis dans l'oppinion des hommes Les mêmes Peuples qui dressoient des Autels à Venus & à l'Amour, croioient que le Génie de Pompée avoit tremblé devant celui de Cesar, & que le Demon de Brutus lui avoit prédit sa défaite.

POUR tenir lieu de Prologue on a essaié de peindre dans l'ouverture, *autant qu'il est possible à la Musique*, les vœux de la Nation, & les rejouissances publiques, à la nouvelle de la naissance du PRINCE.

ACANTE ET CEPHISE, OU LA SIMPATHIE.

ACTE PREMIER.

Le Theâtre Représente un lieu champêtre. Au fond un Vallon entrecoupé de ruisseaux. Au sommet du coteau qui forme ce Vallon, est le Palais d'une Fée d'une Architecture légere, au-dessous duquel sont les Jardins de ce Palais, sur la pente du coteau.

SCENE PREMIERE.

CÉPHISE, ACANTE, *sortants, chacun de l'un des côtés du Theâtre.*

ACANTE avec joie.

CEPHISE!

CÉPHISE avec douleur.

Acante! Hélas!

ACANTE.

D'où naissent vos allarmes?

CEPHISE.

O disgrace ! ô tourment !

ACANTE.

Qui fait couler vos larmes ?

CEPHISE.

Dieux, Sauvez mon Amant !

ACANTE.

Ce silence fait mon suplice :
Parlez.

CEPHISE.

Ton odieux rival
Veut qu'un himen fatal
A son destin m'unisse.

ACANTE.

Et la Fée y consent !

CEPHISE.

Elle quitte ces lieux :
Elle nous abandonne.

ACANTE.

O Dieux !
Zirphile, dont le soin propice
Sous ses yeux, dès l'enfance, a daigné nous former

Pour être unis, pour nous aimer ! . . .
Elle veut donc que je périsse.

SCENE II.

CEPHISE, ACANTE, ZIRPHILE.

FE'ES SUIVANTES DE ZIRPHILE.

ZIRPHILE.

Tendres Amants, consolez-vous :
On est heureux par l'espérance.

Sous les yeux même des jaloux,
Elle nous fait jouir d'avance
Des biens qu'ils éloignent de nous.

Tendres amants, &c.

Sur ses aîles un cœur s'élance
Au-devant d'un destin plus doux.

Tendres amants, &c.

CEPHISE.

Quel espoir peut me consoler ?
Un Tiran me poursuit.

ZIRPHILE.

Ceſſez de vous troubler :
On reſpecte ce que l'on aime.

CÉPHISE.

Si je tremblois pour moi-même ;
Je ceſſerois de trembler.

Oubliez-moi ; mais prenez ſoin d'Acante.
Je ne crains, je ne ſens, je ne vis que pour lui.
Acante on t'abandonne, & tu n'as pour appui
Que les pleurs d'une foible amante.

ZIRPHILE.

Au ſuperbe ennemi qui trouble votre amour
La loi du Deſtin m'a ſoumiſe.
Il doit m'obéir à ſon tour,
Et ſa puiſſance m'eſt promiſe ;

Mais l'inſtant favorable où je dois l'obtenir
Se dérobe à mes yeux dans le ſombre avenir.
Des Dieux la ſageſſe profonde,
Sans s'expliquer encor, m'ordonne de vôler
Aux lieux, où leurs décrets doivent ſe reveler.
Sur ce préſage heureux tout mon eſpoir ſe fonde.
Allons mêler nos vœux aux vœux de l'Univers.

Au zéle des humains que mon zéle réponde.
Méritons l'empire des airs
En veillant au bonheur du monde.

C HŒ U R *des suivantes de Zirphile.*

Méritez l'empire, &c.

C É P H I S E.

Vaine espérance, hélas! Il ne faut qu'un moment
Pour perdre mon Amant.

Z I R P H I L E.

Calmez la frayeur qui vous glace:
Nous pouvons enchaîner la fureur d'un jaloux.

C É P H I S E.

Parlez, que faut-il que je fasse?

Z I R P H I L E.

Il n'oseroit la déployer sur vous;

C É P H I S E.

Ah! C'est Acante qu'il menace.

Z I R P H I L E.

Il nous reste un moyen de suspendre ses coups.

Elle leur montre un Talisman en forme de Brasselet.

Par le pouvoir ſecret de ce lien magique,
Je veux qu'un accord ſympatique
De ſentimens & de deſirs,
Rende commun vos maux & vos plaiſirs
Sans vous voir & ſans vous entendre,
Tous deux ſaiſis en même tems...

ACANTE & CEPHISE.

Sans nous voir & ſans nous entendre!

ZIRPHILE.

Tous deux où plaintifs, où contens...

ACANTE.

Non, de ce charme affreux mon cœur doit la défendre.
Du ſort qui me pourſuit laiſſez moi la rigueur:
Ma peine partagée en ſeroit plus cruelle.
Je ne veux avoir avec elle
Rien de commun que mon bonheur.

ZIRPHILE, à ACANTE.

Une ſi tendre allarme
Me touche, m'intereſſe, & ne m'arrête pas.

à ſa Suite.

Vous eſprits qui ſuivez mes pas,
Formez pour les unir une invincible charme.

Une troupe de Fées de la suite de ZIRPHILE, *leurs Baguettes à la main, dansent autour* D'ACANTE *&* de CEPHISE, *& forme le charme de la sympatie.*

UNE FÉE.

Que la sympatie a d'attraits !
Nœuds secrets,
Douce violence,
Sans vous l'Amour lance
D'inutiles traits.

Deux cœurs que vos charmes inspirent,
Soupirent
En s'approchant.
Un regard touchant
Peint ce qu'ils désirent.
Tous deux ils s'attirent
D'un même penchant.

Les Fées en dansant, prenent le Brasselet des mains de ZIRPHILE, *& le remettent à* ACANTE.

ZIRPHILE aux deux Amants, en les quittant.

Adieu, conservez bien ce gage
Du nœud secret qui vous engage.
Livrez vos cœurs à des liens si doux.
Que vos penchants se répondent,
Que vos désirs les secondent ;
Ne formez qu'une ame entre vous.

ZIRPHILE *les quitte, & s'éléve dans un nuage qui l'envelope.*

SCENE III.

ACANTE ; CEPHISE. Suite de ZIRPHILE.

ACANTE & CEPHISE.

LIvrons nos cœurs à des liens si doux.
Que nos penchants se répondent,
Que nos soupirs les secondent,
Ne formons qu'une ame entre nous.

LE CHŒUR avec eux.

Livrez vos cœurs, &c.

Pendant ce Chœur le Ballet entoure ACANTE & CEPHISE.

SCENE IV.

OROES, Souverain GENIE des Airs, CEPHISE, ACANTE, Suite du GENIE, suite de ZIRPHILE.

LE GENIE à part, au fond du Théâtre.

NOn je ne serai point impunement jaloux.

en avançant.

Cephise demeurez. Acante éloignez-vous.

à sa Suite.

Qu'on le saisisse.

CEPHISE.

CEPHISE, tremblante.

Quel courroux !

LE GENIE.

Qu'on m'obéiſſe.

à Acante.

Eloignez-vous, éloignez-vous.

CEPHISE ſe precipite vers ſon Amant pour le retenir. Les GENIES entraînent ACANTE ; la ſuite de ZIRPHILE ſe retire épouvantée.

SCENE V.

LE GENIE, CEPHISE.

LE GENIE à CEPHISE, qui cherche des yeux ACANTE.

REvenez de ce trouble extrême.
Je veux vous rendre heureuſe.

CEPHISE.

O Ciel ! Quelle rigueur !
Vous m'enlevez tout ce que j'aime ;
Et vous me parlez de bonheur !

LE GENIE.

Vous ne connoiſſez pas les biens que vous prépare
L'amour d'un Immortel juſqu'à vous deſcendu.

CEPHISE.

Eſt-il quelque bien qui répare
Celui que j'ai perdu ?
Ah ! S'il ne m'eſt rendu,
Je ne vois en vous qu'un barbare.

LE GENIE.

Je pardonne aux premiers éclats
D'une douleur qui m'irrite.
On regrette un bien que l'on quite
Pour un bien qu'on ne connoît pas.

Mais du paſſé bientôt vous perdrez la mémoire,
Quand d'un doux avenir vous ſentirez le prix ;
Et je vais déployer à vos regards ſurpris
Et ma puiſſance & votre gloire.

Le Théâtre change, & repréſente des Jardins enchantés.

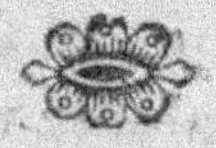

SCENE VI.

LE GENIE, CEPHISE. Suite du GENIE.

CEPHISE que rien ne peut distraire de sa douleur, demeure accablée sur un lit de Gazon pendant le Divertissement.

CHŒUR des Suivants du GENIE, avec deux CORIPHÉS à leur tête.

Triomphez belle Cephise.
Le plaisir vole sur vos pas.
L'Amour qui vous favorise
D'un éclat immortel couronne vos appas.

Une nouvelle Troupe de Suivants du GENIE entre en dansant.

LE PREMIER CORIPHÉE. *

L'inconstance renouvelle
Et ranime le plaisir.
Jurer une ardeur fidelle,
C'est limiter le désir.
L'avantage d'une belle
Est de changer pour choisir.

On danse.

* Tous les Airs suivants s'adressent à CEPHISE.

LE SECOND CORIPHÉE.

D'une jeunesse éternelle
Assûrez-vous les douceurs.

Le Primtems d'une mortelle
Fuit comme celui des fleurs.
Vainement l'Amour en pleurs
Le regrette & le rappelle.

D'une jeunesse, *&c.*

On danse.

LES DEUX CORIPHÉES.

Un Immortel vous céde la victoire :
Qu'il soit vainqueur à son tour.
L'Amour embellit la Gloire,
La Gloire embellit l'Amour.

LE PREMIER CORIPHÉE.

De l'Amant qui vous adore
La nature entend la voix.
L'émail des champs, la verdure des Bois
Sont des trésors qu'il fait éclore.
Pour voler dans le sein de Flore,
Zéphire même attend ses Loix.

CHŒUR.

Un Immortel, *&c.*

On danse pendant ce CHŒUR, *chaque fois qu'on le reprend.*

LES DEUX CORIPHÉES.

A sa voix les Vents en fureur
Sur les flots soulevés déchaînent les orages.
Il parcourt l'Univers, porté sur les nuages;
Devant lui vole la terreur,
Il laisse après lui les ravages.

CHŒUR.

Un Immortel, &c.

Le Chant & la Danse sont interrompus par les cris subits de CEPHISE, *sur qui agit la* SYMPATIE.

CEPHISE, *interrompant le Divertissement.*

Acante, où sommes-nous? Dieux! Quelle obscurité!
Quelle horrible prison! Quelle pesante chaîne!

LE GENIE.

Vous êtes en un lieu, par l'Amour enchanté,
Où vous régnez en Souveraine.

CEPHISE.

Acante, où sommes-nous? Ah! Quelle cruauté!
Barbares, par quel crime avons-nous mérité
Cette effroyable peine?
Acante! Cher Acante! Hélas!

LE GENIE.

Quel prodige inoui que je ne comprends pas ?

à CEPHISE.

Livrés-vous aux plaisirs que l'Amour vous présente.

CEPHISE.

Acante ! Cher Acante !
Hélas !

LE GENIE, à part.

Je suis trahi. Perfide Fée !
Je reconnois ton noir enchantement.

CEPHISE, tombant évanouie.

Je succombe à ce long tourment.

LE GENIE.

O Ciel ! Par la douleur sa voix est étouffée !
Faut-il pour la sauver lui rendre son Amant ?
Oui, cédons à l'effroi dont mon ame est saisie.
Que la pitié, dans ce moment,
Triomphe de la jalousie.

Le GENIE *exprime la délivrance d'*ACANTE, *par un mouvement de sa Baguette.*

CEPHISE, *revenant de son évanouissement.*

Ah que mes sens sont soulagés !
Que ces lieux sont changés !

Quelles mains ont brisé cette chaîne accablante ?
Acante !

SCENE VII.

ACANTE ET LES PRECEDENTS.

ACANTE, *courant à* CEPHISE.

Cephise !

CEPHISE, *courant au-devant* D'ACANTE.

Acante !

ENSEMBLE.

{CEPHISE. Acante}
{ACANTE. Cephise} Est-ce vous que je voi ?

{ACANTE. CEPHISE. Quel bonheur! Quelles délices!
{LE GENIE, *à part.* Quelle gêne ! Quels suplices!

CEPHISE.

Que j'ai plaint vos tourmens !

ACANTE.

Que j'ai craint votre effroi !

ENSEMBLE.

{CEPHISE. Acante}
{ACANTE. Cephise} Est-ce vous que je voi ?

CEPHISE.

Quel Dieu nous réunit ?

LE GENIE, *à* CEPHISE.

C'eſt moi.
Moi, que vous accablez d'une rigueur extrême.

CEPHISE.

Mettez le comble à ce ſoin généreux.

ACANTE & CEPHISE.

Juſqu'au tombeau permettez que je l'aime.
En faiſant des heureux,
Ne l'eſt-on pas ſoi-même ?

LE GENIE.

Non, je ne puis ſouffrir un bonheur qui m'accable.
Ma pitié laiſſe encor ce jour à vos regrets;
Mais, ce jour expiré; je ſuis inéxorable.
Preparez-vous à ne vous voir jamais.

Le GENIE *ſe retire avec toute ſa Suite. Le Théâtre change, & redevient le même qu'au commencement de l'Acte.*

SCENE VIII.

ACANTE & CEPHISE, *seuls.*

ACANTE.

LE Temple de l'Amour est voisin de ces lieux;
Pour nous il peut faire un miracle.
Ayons recours au plus charmant des Dieux;
Allons consulter son Oracle.

ENSEMBLE.

Qu'un ennemi jaloux
Fasse éclater sa haine;
Qu'il lance tous les traits d'un injuste couroux.

Si nous sommes unis d'une éternelle chaîne,
Sa fureur sera vaine.

Sa fureur ſera vaine,
Si l'Amour eſt pour nous.

ACANTE & CEPHISE ſe donnent la main, & s'en vont au Temple de l'Amour.

FIN DU PREMIER ACTE.

ACTE SECOND.

Le Theâtre représente le Temple de l'Amour, entouré d'un bois sacré. Ce Temple est une colonade ovale en marbre blanc, Au milieu de laquelle est la Statue du Dieu. Le Bois est percé de diverses routes qui conduisent au Temple.

SCENE PREMIERE.

LE GÉNIE *seul.*

AMOUR, je ne viens point au pié de ton autel
Exhaler en soupirs un courroux légitime.
Comme-toi je suis immortel ;
Et je sçais braver qui m'opprime.
Mon rival croit trouver un azile en ces lieux ;
Je vais l'immoler à tes yeux.
Mais Céphise... je tremble au nom de la victime !

Aux jours de mon rival ſes beaux jours ſont unis.
Je la perds, ſi je le punis. . .
Faut-il la voir périr ? Faut-il le laiſſer vivre ?
S'il deſcend au tombeau, Céphiſe va le ſuivre.
S'il voit le jour, il eſt aimé.
Rompons, rompons le nœud que Zirphile a formé
Employons le détour ſi la menace eſt vaine.
Sauvons l'objet qui m'a charmé ;
Et perdons l'objet de ma haîne.

On entend un prélude d'inſtrumens.

Du Dieu qui me pourſuit voici l'heureuſe Cour.
De ces Amants évitons la préſence.
Ils viennent invoquer l'Amour ;
Allons préparer ma vangeance.

Il ſort.

SCENE II.

CHŒUR ET TROUPES DE PRETRESSES DE L'AMOUR *qui sortent du Temple.*

CHŒUR ET TROUPES D'AMANTS HEUREUX ET MALHEUREUX *qui arrivent de toutes parts.*

CHŒURS D'AMANTS.

AMour écoutez nos vœux.

LES HEUREUX. Serrez } à jamais nos nœuds.
LES MALHEUREUX. Rompez }

LES HEUREUX.

Que vos plaisirs sont doux!

LES MALHEUREUX.

Que vos peines sont rudes!
Que vous causés d'inquiétudes!

LES HEUREUX.

Que vous faites d'heureux!

TOUS.

Amour écoutez nos vœux.

LES HEUREUX. Serrez } à jamais nos nœuds.
LES MALHEUREUX. Rompez }

LA GRANDE PRÉTRESSE.

Au culte du Dieu du bonheur
Pourquoi mêler une plainte indiſcrette?
Le trouble qu'il répand dans une ame inquiette
Eſt lui-même une faveur.

Chantez l'Amour, chantez ſes charmes.
Si ſon empire a des allarmes;
C'eſt pour animer les déſirs.
Chantez l'amour, chantez ſes charmes.
Si ſon empire a des allarmes;
Le calme qui les ſuit rend plus doux les plaiſirs.

CHŒURS de PRÉTRESSES *&* D'AMANTS *heureux.*

{ Chantez } l'amour, &c.
{ Chantons }

UNE PRÊTRESSE.

Tout rend homage
A ce Dieu puiſſant.
Le Papillon volage,
Le Lion rugiſſant,
Le Roſſignol dans ſon ramage,

TOUS LES CHŒURS.

Tout rend homage
A ce Dieu puiſſant.

SCENE III.

ACANTE, CEPHISE, ET LES PRECEDENTS.

ACANTE à la grande Prêtresse.

Vous voyez deux tendres Amants
Que pourſuit d'un jaloux la fureur implacable.
Du Dieu qui reçut nos ſermens,
Nous venons conſulter l'oracle irrévocable,
Sur le terme de nos tourmens.

LA GRANDE PRÊTRESSE.

Je vais l'interroger. A des nœuds ſi charmants
Puiſſe-t'il être favorable !

Les Prêtreſſes entrent dans le Temple qui ſe couvre de nuages.

CEPHISE.

Notre arrêt va ſe prononcer.

ACANTE.

Je tremble.

CEPHISE.

Je frémis.

ACANTE.

Quel moment redoutable !

CEPHISE.

Dieux ! Que va-t'on nous annonçer ?

ENSEMBLE.

Tendre amour { Acante / Cephise } t'appelle.

CEPHISE.

Sois son vengeur.

ACANTE.

Sois son appuy.

CEPHISE.

Je ne t'implore que pour lui.

ACANTE.

Je ne t'implore que pour elle.

ENSEMBLE.

Si ses vœux sont remplis, mes vœux sont satisfaits.
Que son bonheur soit le prix de ma flâme.
Lance tous tes traits dans mon ame ;
{ Epuise pour lui / Pour elle épuise } tes bienfaits.

Les nuages qui couvroient le Temple se dissipent, & les Pretresses en sortent.

LA GRANDE PRÉTRESSE *à Acante & à Céphise.*

LE JOUR OU TOUS LES CŒURS RENDRONT GRACE A L'AMOUR,
VOUS SEREZ UNIS SANS RETOUR.

Les Prétresses rentrent dans le Temple.

SCENE

SCENE IV.

CÉPHISE, ACANTE, CHŒURS DES AMANTS.

CEPHISE.

LE jour où tous les cœurs rendront grace à l'Amour !
Helas ! Et quand viendra ce jour ?

ACANTE.

Dans l'empire amoureux on n'entend que des plaintes.

CEPHISE.

Triste absence, jalouses craintes,
Que vous faites passer de rigoureux instants !

ACANTE.

Combien de beautés cruelles !

CEPHISE.

Combiens d'amans inconstans !

ACANTE.

Combien peu de cœurs contens,
Même entre les cœurs fidéles !

CHŒUR des Amans malheureux.

Non, il n'eſt point de cœurs contens,
Même entre les cœurs fidelles.

Amour écoutez nos vœux.
Rompez à jamais nos nœuds.

CEPHISE.

Acante, quels accents !

ACANTE.

Helas ! Qu'ils m'attendriſſent !
Ce ſont des Amans qui gémiſſent.
Eſſayons d'adoucir leurs tourmens rigoureux :
C'eſt hâter le moment que nous promet l'Oracle.
Moins il ſera de malheureux,
Moins à notre bonheur il reſtera d'obſtacle.

Différentes troupes d'Amans expriment par leurs danſes leurs mécontentemens, en ſe ſuyant les uns les autres.

CEPHISE à ces Amans.

Amans qui vous fuyés, ceſſez de vous contraindre.
On perd d'heureux momens à feindre
Une haîne qu'on ne ſent pas.

On s'évite, & l'on ſoupire :
On s'éloigne, & l'on déſire
De retourner ſur ſes pas.

Amans qui vous fuyez, &c.

ACANTE aux mêmes.

Avant de ſe réunir,
Chacun veut-être pour ſa gloire
Le dernier à revenir.
Mais quand ſur le dépit l'amour a la victoire;
Aucun des deux ne veut croire
Qu'on ait pû le prévenir.

DELIE, *jeune Bergere chantante & danſante, paroît ſur la Scene évitant ſon Berger qui la ſuit.*

ACANTE à Délie.

Pourquoi fuir ainſi les pas
D'un Amant empreſſé qui pour vous ſemble vivre?

DÉLIE avec dépit.

Je lui défends de me ſuivre.

CEPHISE.

Lui pardonneriez-vous de ne vous ſuivre pas?

DELIE.

Dois-je regretter un volage
Qui ne ceſſe de m'allarmer?
L'infidele voudroit charmer
Chaque Beauté qui brille à ſon paſſage.
Dois-je regretter, &c.

ACANTE.

Eſt-ce un crime que d'enflammer

Des cœurs dont-il vous fait homage ?
C'eſt pour vous engager à l'aimer encor mieux,
Qu'il ſe fait aimer de mille autres :
Il ne veut plaire à tous les yeux
Que pour être plus cher aux vôtres.

Le Berger danſant s'avance vers Délie.

Laiſſez, laiſſez-vous entraîner.
Punir un tendre amant, c'eſt ſe punir ſoi-même.
Ah ! Qu'il eſt doux de pardonner ;
Quand on pardonne à ce qu'on aime !

DÉLIE courant vers ſon Berger.

Ah ! Qu'il eſt doux de pardonner ;
Quand on pardonne à ce qu'on aime !

TOUS LES CHŒURS D'AMANS.

Ah ! Qu'il eſt doux, &c.

On danſe, le Ballet exprime la réconciliation des amans.

UNE BERGERE.

Chaſſons
De nos plaiſirs tranquilles
Les plaintes inutiles
Les vains ſoupçons.
Qui craint
A ſon tour ſe fait craindre,

L'on n'eſt que plus à plaindre
Quand on ſe plaint.

Le Ballet recommence. On entend un Prélude qui annonce l'arrivée du Génie. Tout le monde ſe retire, Acante & Céphiſe ſe diſpoſent à ſe retirer auſſi.

SCENE V.

LE GENIE, ACANTE, CEPHISE.

LE GÉNIE *arrêtant Acante & Céphiſe.*

NE puis-je inſpirer que l'effroy ?
Tout fuit, tout tremble à mon approche !
Non, n'attendez plus de moy
Ni menace, ni reproche.
Un cœur qui s'eſt laiſſé charmer,
Souffre trop à ſe faire craindre.

à Céphiſe.

Cruelle, je n'ai pû vous forçer à m'aimer ;
Je veux du moins vous forçer à me plaindre.
Je m'immole à votre bonheur.
Le ſoin de l'accomplir eſt le ſeul qui m'anime.
Le plaiſir d'en être l'Auteur
Va me faire oublier que j'en ſuis la victime.

CEPHISE.

Qu'entens-je ? eſt-ce un ſonge flateur ?
Ne m'abuſez-vous point d'une eſpérance vaine ?
Eſt-il bien vrai ? l'amour a fléchi votre cœur !

LE GENIE *à part.*

Que ſa joye irrite ma haîne !

à Cephiſe.

Oui je permets que ſans retour
Acante obtienne ce qu'il aime.
Et dans le Temple de l'Amour
Je prétends vous unir moi-même.

ACANTE & CEPHISE.

Que ce triomphe eſt généreux !
Des Dieux en vous nous adorons l'image.
Vous êtes bienfaiſant comme eux ;
Comme eux recevez notre hommage.

On entend le prélude d'une ſimphonie champêtre d'un caractere guai.

LE GENIE.

Pour célébrer ce jour les habitans des bois
Près de vous en ces lieux accourent à ma voix.

SCENE VI.

LES PRECEDENTS, TROUPE DES SUIVANS DU GENIE *sous la forme de Chasseurs & de Pâtres.*

CHŒUR DES SUIVANS DU GENIE *qui entrent en dansant.*

CHantons deux Amans constans
Chantons des flammes si belles.

Puissent l'Amour & le tems
Près d'eux oublier leurs aîles.

Que des fleurs toujours nouvelles
Embélissent leur Printems.

Chantons deux Amans constans
Chantons des flammes si belles.

On danse.

UN CHASSEUR.

L'Amour est heureux par lui-même.
Sa chaîne est son plus cher trésor.

Que peut-on désirer encor,
Quand on posséde ce qu'on aime?

L'Amour est heureux, *&c.*

Tous les rangs sont le rang suprême,
Tous les âges sont l'âge d'or.

L'Amour est heureux, *&c.*

On danse.

LE GENIE à ses Suivantes.

Bergeres, dans le Temple, emmenez cette Amante.
Sur vos pas à l'instant, j'y vais conduire Acante.

Les Femmes du Ballet, emmenent CEPHISE *dans le Temple.*

SCENE VII.

ACANTE, LE GENIE, Suivants du GENIE.

LE GENIE.

ENfin mon cœur en est désarmé.
Acante vous êtes aimé;
Vous allez être heureux; je le vois sans envie.
Mais j'exige le prix de l'effort que je fais.

ACANTE.

A payer tant de bienfaits.
Je veux consacrer ma vie.

LE GENIE.

Je ne craint plus d'être indiscret,
Si ce témoignage est sincére.
Vos deux cœurs sont unis par un charme secret;
Ne puis-je de ce nœud pénétrer le mystére?

CEPHISE *paroît au fond du Théâtre, & écoute.*

Si cet aveu doit vous couter,
Vous pouvez garder le silence.
Je ne veux rien devoir qu'à la reconnoissance,
C'est à vous de vous consulter.

ACANTE,

ACANTE.

Que je ferois ingrat, si quelque défiance
Me faisoit hésiter!
Non, mon cœur à vos yeux s'ouvre sans violence. . .

SCENE VIII.

CEPHISE ET LES PRECEDENTS.

CEPHISE à ACANTE, avec précipitation.

QU'allez-vous dire? O ciel!

ACANTE.

Puis-je lui résister?

CEPHISE.

Ce secret fait notre défense,
Et vous osez le révéler!

LE GENIE, à CEPHISE.

Téméraire, étouffez un soupçon qui m'offense.

CEPHISE.

Je ne puis le dissimuler:
Acante, au nom des Dieux, gardez-vous de parler!

Que l'Amour m'a bien inspirée!
Au pié de son Autel j'ai tremblé, j'ai frémi,
Je vole dans ces lieux par mon trouble attirée,
Au moment qu'à notre ennemi . . . . .

LE GENIE.

Ah! C'eſt trop m'irriter, & ma bonté ſe laſſe.
Puiſqu'on oſe s'en défier,
C'eſt à moi de juſtifier
De ces ſoupçons l'injurieuſe audace.
Aquilons volez à ma voix.

ACANTE & CEPHISE.

Dieux à l'Innocence propices,
L'abandonnerez-vous à de barbares loix ?

LE GENIE.

Aquilons volez à ma voix,
Tranſportez ces ingrats ſur d'affreux précipices.

Les AQUILONS paroiſſent & ſe ſaiſiſent d'ACANTE & de CEPHISE.

ACANTE & CEPHISE.

{*CEPHISE.* Acante} Je te vois
{*ACANTE.* Cephiſe}
Pour la derniére fois.

LE GENIE.

Vous vous verrez encor; mais c'eſt dans les ſupplices.

Deux troupes D'AQUILONS enlévent ACANTE & CEPHISE dans des nuages, & traverſent le Théâtre en ſe croiſant.

FIN DU SECOND ACTE.

ACTE TROISIÉME.

Le Théâtre représente un Desert affreux. Des Rochers escarpés forment des précipices où tombent des torrents. Les creux des Rochers sont des repaires de Monstres & de Bêtes féroces ; on voit sur ces Rochers des troncs de vieux arbres entourés de serpents. Les deux nuages qui ont enlevé Acante & Cephise, viennent se reposer sur la cime de deux Rochers opposés de chaque côté du Théâtre, & entre lesquels un torrent se précipite & forme un Gouffre. Les nuages disparoissent & Acante & Cephise se trouvent enchaînés sur les deux Rochers par les Aquilons qui les y ont conduits.

SCENE PREMIERE.

ACANTE, CEPHISE, *Troupes d'*AQUILONS, *qui les enchaînent.* CHŒUR *de* GENIES *malfaisants qu'on ne voit pas.*

CHŒUR *qu'on ne voit pas.*

TREMBLEZ, tremblez malheureux.
Des tourmens qu'on vous prépare ;

Une mort barbare
Eſt le moins affreux.

ACANTE & CEPHISE.

Ciel ! ô Ciel ! Sois ſenſible à nos vives allarmes !
Protege deux cœurs innocents.

CEPHISE.

Un Tiran furieux s'abreuve de nos larmes.
Le Barbare trouve des charmes
A l'horreur qui glace nos ſens.

La Symphonie peint les hurlements des Bêtes feroces.

Contre ces Monſtres rugiſſants
Nos ſoupirs ſont nos ſeules armes.
Ciel ! ô Ciel ! Sois ſenſible à nos vives allarmes !
Protege deux cœurs innocents.

ACANTE.

L'Amour favoriſoit ma tendreſſe & tes charmes ;
L'Amour n'eſt plus touché de nos cris gémiſſants.

CEPHISE.

Zirphile nous oublie en ces périls preſſants.

ENSEMBLE.

Ciel ! ô Ciel ! Sois ſenſible à nos vives allarmes !
Protege deux cœurs innocents.

Le Genie deſcend ſur un Char de feu, le Chœur des Genies malfaiſants entre ſur la ſcene & entoure les Rochers.

SCENE II.

ACANTE ET CEPHISE *sur les Rochers ;* Le GENIE *sur un Dragon à demi hauteur du Théâtre entre* ACANTE *&* CEPHISE. CHŒUR *de* GENIES MALFAISANTS *qui entourent les Rochers.*

LE GENIE & le CHŒUR.

TRemblez, tremblez, malheureux.
Des tourments qu'on vous prépare
Une mort barbare
Est le moins affreux.

ACANTE & CEPHISE au Genie.

Hélas! Vous pouvez m'opprimer.
Tournez sur moi les traits d'un courroux implacable,
Si c'est un crime que d'aimer,
C'est moi qu'il faut punir, je suis { le / la } plus coupable.

LE GENIE.

Oubliez vous qu'un nœud fatal
Vous condamne à périr ensemble?

ACANTE se disposant à quitter l'anneau enchanté.

Je vais rompre ce nœud. Qu'elle vive.

CEPHISE.

Je tremble.

Veux-tu m'abandonner aux mains de ton rival ?

ACANTE.

Je veux, de nos tourmens que ma mort te délivre.

CEPHISE.

En est-il pour moi d'égal
A l'horreur de te survivre ?
Soyons unis jusqu'au tombeau.

ACANTE & CEPHISE.

Soyons unis jusqu'au tombeau.
A briser un lien si beau
Que rien ne puisse nous contraindre.
Amour ! Avec ton flambeau
Celui de nos jours doit s'éteindre.

LE GENIE.

Rompez un charme qui m'irrite.
Sauvez vous, sauvez moi de mes transports jaloux.

ACANTE & CEPHISE.

Aimons-nous, aimons-nous.

LE GENIE.

Pour la derniere fois ma pitié vous invite
A vous dérober à mes coups.

ACANTE ET CEPHISE.

Aimons nous, aimons nous.

LE GENIE.

Je vais donc me livrer tout entier à ma haîne.
Venez esprits cruels, inventez quelque peine,
Qui soit égale aux maux où l'Amour m'a plongé.
J'aime; mais je suis outragé.
Je vais voir à mes pieds expirer l'inhumaine:
Je serai malheureux; mais je serai vengé.

Une troupe d'Esprits cruels arrive en dansant sur le Théâtre.

Haîne implacable,
Guide leurs pas.

LE CHŒUR.

Haîne implacable,
Guide nos pas.

ACANTE.

Hélas! Cruel Tiran, hélas!
Respecte un objet trop aimable.

LE GENIE & le CHŒUR.

La cruelle eſt impitoiable.
Pourquoi ne le { ſerois-je / ſerions-nous } pas ?
Plus elle a d'appas,
Plus elle eſt coupable.
Haîne implacable
Guide { leurs / nos } pas.

On danſe.

LE GENIE & le CHŒUR pendant la danſe.

Haîne implacable.
Guide { leurs / nos } pas.

ACANTE & CEPHISE.

Helas !

La Symphonie eſt mêlée de traits qui répondent aux gémiſſemens des deux Amans.

LE CHŒUR.

La cruelle eſt impitoyable ;
Pourquoi ne le ſerions nous pas ?

ACANTE

ACANTE & CEPHISE.

Helas!

LE CHŒUR.

Plus elle a d'appas,
Plus elle eſt coupable.
Haîne implacable,
Guide nos pas.

ACANTE & CEPHISE.

Helas!

LE GENIE à Acante lui montrant Céphiſe.

Voici l'inſtant de ſon ſuplice.
Parle; où je l'immole à tes yeux.

ACANTE & CEPHISE.

Secourez-nous, grands Dieux!

LE GENIE, à Acante.

Répons.

ACANTE & CEPHISE.

Secourez-nous, grands Dieux!

LE GENIE.

Qu'il expire... qu'elle périſſe.

Les eſprits cruels montent en danſant ſur les rochers, & levent le poignard ſur Acante & ſur Cephiſe.

ACANTE.

O fureur ! ô mortel effroi !
Barbarre arête, écoute-moi.

Tout à coup le Théâtre change au bruit du Tonnerre. Le Char du Génie est précipité ; les Rochers s'abîment avec les Génies & le Theâtre représente un Palais brillant & magnifique. Les deux Amans dégagés de leurs chaînes se trouvent dans les galerie de la partie en avant de ce Palais. Zirphile paroît au fond entourrée de toute sa Cour, & de celle d'Oroës que le Destin vient de lui soumettre. Elle est sur un Trône placé au milieu d'un grand Salon plus élevé que le Vestibule, & où l'on monte par un grand dégré.

SCENE DERNIERE.

ZIRPHILE *sur son Trône* ACANTE ET CEPHISE.
CHŒURS DE GENIES, DE FÉES, ET D'ESPRITS AERIENS *qui entourent le Trône de Zirphile.*

CHŒUR.

Zirphile est notre Reine.
Accourons à sa voix.
Rangeons-nous sous les loix
De notre souveraine.
Accourons à sa voix.

ZIRPHILE sur son Trône.

Triomphe ! Victoire !
Un Heros voit le jour
Rendons grace à l'Amour
Triomphe ! Victoire !

Zirphile descend de son Trône. Acante & Céphise vont au-devant d'elle, & lui donnent la main. Toutes les Troupes de Génies, de Fées, & d'Esprits Aëriens descendent en même tems dans la partie en avant du Theâtre, & dansent, pendant qu'on chante le Chœur suivant.

Tous les CHŒURS avec ACANTE, CEPHISE & ZIRPHILE.

Triomphe ! Victoire !
Un Heros voit le jour.
Rendons grace à l'Amour.
Triomphe ! Victoire !

ACANTE & CEPHISE.

Regne Amour, jouis de ta gloire.
Des maux que tu nous faits
Un ſeul de tes bienfaits
Efface la mémoire.

TOUS.

Un Heros voit le jour
Rendons grace à l'Amour
Triomphe ! Victoire !

ZIRPHILE.

Du plus beau nœud que l'Amour ait formé
J'ai vû naître le plus beau gage.
J'ai vû ce Dieu charmé
Sourire à ſon image.
J'ai reçu dans mes bras ſon plus parfait ouvrage.

De mes dons je l'ai couronné;
Et l'Empire des airs devenu mon partage,

à Céphise & à Acante

Votre ennemi cruel à mes pieds enchaîné,
La tranquille douceur du nœud qui vous engage,
Sont le prix qu'à mes soins les destins ont donné.

ACANTE.

Amour! Amour! C'est le miracle
Que nous annonçoit ton oracle.
Tous les cœurs sont heureux, notre espoir est rempli,
Et ton oracle est accompli.

TOUS.

Triomphe! Victoire!
Un Héros voit le jour
Rendons grace à l'Amour
Triomphe! Victoire!

Les différentes Troupes de Fées, de Génies, & d'Esprits Aëriens rendent en dansant hommage à Zirphile leur nouvelle souveraine qui est debout au milieu du Theâtre.

ZIRPHILE avec enthousiasme en interrompant la danse qui l'entoure.

Où suis-je ? Et qu'est-ce que je vois ?
Mes yeux, de l'avenir percent le sombre voile. . :
O digne sang des plus grands Rois !
Quels destins éclatants m'annonce ton étoile !
Quel tissu de bienfaits, de vertus, & d'exploits !

La Symphonie peint un bruit de Guerre.

Sur les aîles de la victoire
Je te vois vôler à la gloire.

CHŒUR, en s'approchant de Zirphile.

Que nous annoncez-vous ? ô Dieux !
Faut-il trembler encor pour ce sang précieux ?

Une Symphonie douce & agréable succede à ce bruit de Guerre.

ZIRPHILE.

Rassurez-vous. Le Ciel favorable à la Terre,
Prend soin des dons qu'il vous a faits.
Ce Héros échappé des fureurs de la Guerre,
Viendra déposer son Tonnerre
Aux pieds des autels de la Paix.

Une troupe de Bergers entrent en dansant.

UN BERGER *avec une* BERGERE *alternativement avec le* CHŒUR.

Resonnez tendre musettes :
Le plaisir anime vos sons.
Nos cœurs parlent dans nos chansons,
Et vous êtes
Les Interprêtes
Du bonheur dont nous jouissons.

LE CHŒUR.

Resonnez tendres musettes, *&c.*

Soyez muettes
Au bruit des exploits ;
Mais quand sous de douces loix
La paix regne dans nos bois ;

LE CHŒUR.

Resonnez tendres musettes, *&c.*

Nos voix sinceres & discrettes
Peuvent toucher les Immortels,
Ils aiment à voir leurs Autels
Couverts des mêmes fleurs qui parent nos houlettes.

LE CHŒUR.

Resonnez tendres musettes, *&c.*

Une Troupe de Peuples de differens caracteres entrent en dansant.

ACANTE.

Aigle naissant, leve les yeux
Elance toi vers la lumiere,
Vole, plane au plus haut des Cieux.

La Gloire, astre de tes Ayeux,
Trace de ses rayons ta brillante carriere

Aigle naissant, leve les yeux
Elance toi vers la lumiere,
Vole, plane au plus haut des Cieux.

On danse, & le Ballet devient général dans toutes les différentes parties du Théâtre.

ACANTE, CEPHISE, ZIRPHILE, les deux CORIPHÉES, & tous les CŒURS.

A nos Concerts que la terre réponde,
Que tout forme des chants d'allegresse & d'amour.
UN BOURBON qui reçoit le jour,
Est un astre qui naît pour le bonheur du monde.

CEPHISE

CEPHISE.

Lance tes feux naiſſante Aurore.
Que tes bienfaits marquent ton cours.

Le jour qui vient d'éclore
Eſt le plus beau des jours.

Lance tes feux, &c.

GRAND CHŒUR, avec tous les Recitants.

Vive la race de nos Rois,
C'eſt la ſource de notre gloire.

Puiſſent leurs régnes & leurs loix
Durer autant que leur mémoire.

Vive la race de nos Rois,
C'eſt la ſource de notre gloire.

Que leur nom ſoit à jamais
Le ſignal de la Victoire:
Que leur nom ſoit à jamais
Le préſage de la Paix.

Vive la race de nos Rois,
C'eſt la ſource de notre gloire.

Puiſſent leurs régnes & leurs loix

Durer autant que leur mémoire.

Vive la race de nos Rois.

Pendant le CHŒUR, *toute la Danse forme un Ballet général sur une Contre-danse, que tous les Instruments jouent, & qui sert d'accompagnement à ce* CHŒUR, *à la fin duquel tout le monde se retire en chantant & en dansant.*

FIN.

APPROBATION.

J'Ai lû par ordre de Monseigneur le Chancelier, *Acante & Cephise, ou la Sympatie, Pastorale Héroïque :* Et je n'ai rien trouvé dans ce Ballet qui doive en empêcher l'impression. A Fontainebleau, ce deux Novembre 1751. DEMONCRIF.

PRIVILEGE DU ROY.

LOUIS par la grace de Dieu, Roy de France & de Navarre : A nos amés & feaux Conseillers, les Gens tenans nos Cours de Parlemens, Maîtres des Requêtes ordinaires de nôtre Hôtel, Grand'Conseil, Prevôt de Paris, Baillifs, Sénéchaux, leurs Lieutenans Civils, & autres nos Justiciers qu'il appartiendra, Salut. Nôtre très cher & bien amé le Sieur LOUIS-ARMAND EUGENE DE THURET, cy-devant Capitaine au Regiment de Picardie, Nous a fait représenter que, par Arrest de nôtre Conseil du 30 May 1733. Nous avons revoqué le Privilege qui avoit été accordé au Sieur le Comte & ses Associez, pour raison de l'Academie Royale de Musique, ses circonstances & dépendances, & rétabli ledit Privilege en faveur dudit Sieur Exposant, pour en joüir par lui, ses Associez, Cessionnaires & ayans-cause, aux charges & conditions portées par ledit Arrest, pendant le temps & espace de vingt-neuf années, à compter du premier Avril de ladite année 1733 & que pour l'exploitation dudit Privilege, ledit Sieur Exposant se trouve obligé de faire imprimer & graver les Paroles & la Musique des Opera qui doivent être représentés : mais que pour cet effet il a besoin de notre Permission & des Lettres qu'il Nous a très-humblement fait supplier de lui accorder. A CES CAUSES, voulant favorablement traiter ledi

Exposant : Nous lui avons permis & permettons par ces Présentes, de faire imprimer & graver *les Paroles & Musique des Opera, Ballets & Fêtes qui ont été ou qui seront représentés par l'Academie Royale de Musique, tant séparément que conjointement*, en tels Volume forme, marge, caractere, & autant de fois que bon lui semblera, & de les faire vendre & debiter partout notre Royaume ; pendant le temps de vingt-neuf années consecutives à compter du jour de la datte desdites Présentes. Faisons défenses à toutes personnes de quelque qualité & condition qu'elles soient d'en introduire d'Impression ou Gravures Etrangere dans aucun lieu de notre obéïssance : Comme aussi à tous Imprimeurs, Libraires, Graveurs, Imprimeurs Marchands en Taille-Douce, & autres de graver, ni faire graver d'imprimer, ou faire imprimer, vendre, faire vendre, débiter ni contrefaire lesdites Impressions, Planches & Figures de Paroles, de Musique des Opera, Ballets & Fêtes, qui ont été ou qui seront representez par ladite Academie Royale de Musique, tant séparément que conjointement en tout ni en partie, sans la permission expresse & par écrit dudit Sieur Exposant, ou de ceux qui auront droit de lui ; à peine de confiscation tant des Planches & figures que des Exemplaires contrefaits, & des Ustanciles qui auront servi à ladite contrefaçon, que Nous entendons être saisis en quelque lieu qu'ils soient trouvez, de dix mille livres d'amende contre chacun des Contrevenans, dont un tiers à Nous, un tiers à l'Hôtel-Dieu de Paris, l'autre tiers audit Sieur Exposant, & de tous dépens, dommages & interêts, à la charge que ces Présentes seront enregistrées tout au long sur le Registre de la Communauté des Libraires & Imprimeurs de Paris, dans trois mois de la datte d'icelles ; que la Gravure & Impression desdites Paroles & Opera sera faite dans notre Royaume & non ailleurs, en bon papier & beaux caracteres, conformément aux Reglemens de la Librairie, & notamment à celui du dix Avril 1725. & qu'avant de l'exposer en vente, les Manuscrits gravés ou imprimé seront remis dans le même état où l'Approbation y aura été donnée ès mains de notre très-cher & feal Chevalier Garde des Sceaux de France, le Sr. Chauvelin ; qu'il en sera remis deux Exemplaires de chacun dans notre Bibliotheque publique un dans celle de notre Château du Louvre, & un dans celle de notre très-cher & feal Chevalier Garde des Sceaux de France le Sr Chauvelin. Le tout à peine de nullité des Présentes ; Du contenu desquelles Vous mandons & enjoignons de faire jouir ledit Sieur Exposant, ou ses Ayants-cause, pleinement & paisiblement sans souffrir qu'il leur soit fait aucun trouble ou empêchement. Voulons que la Copie desdites Présentes, qui sera imprimée tout au long au commencement ou à la fin dudit Ouvrage, soit tenue pour dûement signifiée ; & qu'aux Copies collationnées par l'un de nos amés & feaux Conseillers & Secretaires, foy soit ajoûtée comme à l'Original. Commandons au premier notre Huissier ou Sergent, de faire pour l'exécution d'icelles tous Actes requis & necessaires, sans demander autre permission, & nonobstant Clameur de Haro, Chartre Normande & Lettres à ce contraires. CAR tel est nôtre plaisir. DONNE' à Fontainebleau, le douziéme jour du mois de Novembre, l'An de Grace mil sept cent trente-quatre, & de notre Regne le vingtiéme : *Et plus bas*, Par le Roy en son Conseil. *Signé* SAINSON, avec paraphe.

Registré sur le Registre VIII. de la Chambre Royale des Libraires & Imprimeurs de Paris, N. 797. fol. 779. conformément aux anciens Réglemens, confirmés par celui du 28 Fevrier 1723. A Paris le 23 Novembre 1734.

G. MARTIN, *Syndic.*

www.ingramcontent.com/pod-product-compliance
Ingram Content Group UK Ltd.
Pitfield, Milton Keynes, MK11 3LW, UK
UKHW022129170726
13837UKWH00003B/1446

9 782329 253107